BEI GRIN MACHT SICH IHR WISSEN BEZAHLT

- Wir veröffentlichen Ihre Hausarbeit, Bachelor- und Masterarbeit

- Ihr eigenes eBook und Buch - weltweit in allen wichtigen Shops

- Verdienen Sie an jedem Verkauf

Jetzt bei www.GRIN.com hochladen und kostenlos publizieren

Sabine Neureiter

Kleopatras Sohn. Kaisar, der Heilsbringer

Bibliografische Information der Deutschen Nationalbibliothek:

Die Deutsche Bibliothek verzeichnet diese Publikation in der Deutschen Nationalbibliografie; detaillierte bibliografische Daten sind im Internet über http://dnb.d-nb.de/ abrufbar.

Dieses Werk sowie alle darin enthaltenen einzelnen Beiträge und Abbildungen sind urheberrechtlich geschützt. Jede Verwertung, die nicht ausdrücklich vom Urheberrechtsschutz zugelassen ist, bedarf der vorherigen Zustimmung des Verlages. Das gilt insbesondere für Vervielfältigungen, Bearbeitungen, Übersetzungen, Mikroverfilmungen, Auswertungen durch Datenbanken und für die Einspeicherung und Verarbeitung in elektronische Systeme. Alle Rechte, auch die des auszugsweisen Nachdrucks, der fotomechanischen Wiedergabe (einschließlich Mikrokopie) sowie der Auswertung durch Datenbanken oder ähnliche Einrichtungen, vorbehalten.

Impressum:

Copyright © 2007 GRIN Verlag GmbH
Druck und Bindung: Books on Demand GmbH, Norderstedt Germany
ISBN: 978-3-656-50604-1

Dieses Buch bei GRIN:

http://www.grin.com/de/e-book/262198/kleopatras-sohn-kaisar-der-heilsbringer

GRIN - Your knowledge has value

Der GRIN Verlag publiziert seit 1998 wissenschaftliche Arbeiten von Studenten, Hochschullehrern und anderen Akademikern als eBook und gedrucktes Buch. Die Verlagswebsite www.grin.com ist die ideale Plattform zur Veröffentlichung von Hausarbeiten, Abschlussarbeiten, wissenschaftlichen Aufsätzen, Dissertationen und Fachbüchern.

Besuchen Sie uns im Internet:

http://www.grin.com/

http://www.facebook.com/grincom

http://www.twitter.com/grin_com

Kleopatras Sohn.
Kaisar, der Heilsbringer?

Erstmals publiziert mit dem Titel „Kaisar, der Heilsbringer" in:
Kemet - Die Zeitschrift für Ägyptenfreunde,
Kleopatra,
Bd. 4, 2007, Kemet Verlag, Berlin, 25ff
(www.kemet.de)

von

Sabine Neureiter, M.A.

Vorwort

Bei meinen Kemet-Artikeln handelt es sich um Texte, in denen ich versuche auf wenigen Seiten viele Informationen zu liefern. Der inhaltliche Rahmen ergibt sich aus dem Titel-Thema der jeweiligen Kemet-Ausgabe. Alle Artikel in den Kemet-Magazinen sind bebildert; die Fotos ergänzen die Texte.

Mir war bei jedem einzelnen Artikel wichtig, nicht lediglich schon bekannte und überall nachzulesende Informationen zusammenzustellen und nachzuerzählen. Ich betrachte alle Themen aus einer über den Tellerrand der Ägyptologie hinausgehenden Perspektive und stelle oftmals Thesen in den Raum, die eine Diskussion anstoßen sollen. Es handelt sich dabei aber immer um begründete und nicht aus der Luft gegriffenen Überlegungen.

Für viele meiner Artikel bilden ethnologische, soziologische oder religionswissenschaftliche Ansätze den Rahmen, um alternative Sichtweisen zu ermöglichen. Dabei gehe ich durchaus – aus ägyptologischer Sicht – etwas provokativ an ein Thema heran. Aber immer nur mit dem Ziel, neue oder unbekanntere Aspekte darzustellen.

Um altbekannter Kritik von vornherein entgegenzutreten: Grundsätzlich ist ein über räumliche und zeitliche Grenzen hinwegreichender Kulturvergleich ebenso statthaft wie ein sich ausschließlich an die Originalquellen haltender Versuch, Erkenntnisse über die altägyptische Kultur zu gewinnen. Das Argument, es handle sich bei dem einen um eine anachronistische und bei dem anderen um die einzig akzeptable Vorgehensweise, greift nicht. Denn schließlich findet auch das sprachwissenschaftlich fundierte Interpretieren einer altägyptischen Originalquelle alles andere als zeitnah zu ihrer Entstehung statt. Und eine Quelle aus der ägyptischen Spätzeit ist immerhin auch schon zweitausend Jahre jünger als etwa eine aus der Pyramidenzeit, so dass die Interpretationsergebnisse der jüngeren Quelle als anachronistisch bewertet und zum Verständnis der älteren nicht herangezogen werden dürften, wollte man dieser Argumentation folgen.

Nicht nur der Kulturvergleich, sondern gerade auch der interdisziplinäre Ansatz erweitert unseren Verstehenshorizont. Dann finden sich Antworten auf Fragen, die sich aus ägyptologischer Sicht nie stellen würden und werfen Licht auf unbeachtete oder unbekannte kulturelle Phänomene. Auch scheinbar wissenschaftlich längst bearbeitete Bereiche müssen immer wieder auf den Prüfstand; allein, weil jedem Wissenschaftler und jeder Wissenschaftlerin eine subjektive Sichtweise zueigen ist und jeder Versuch, Subjektivität aus der Arbeit auszuschließen und reine Objektivität walten zu lassen, niemals gelingen kann.

Letztendlich kann es immer nur darum gehen, ein weiteres kleines Fenster zum Verständnis der altägyptischen Kultur aufzustoßen.

Kleopatras Sohn.
Kaisar, der Heilsbringer?

Geschichtlicher Hintergrund

Kaisar (lat. Caesar) war der erstgeborene Sohn Kleopatras und einziger leiblicher Sohn Caesars. Letzteres war der Grund für seinen frühen Tod, denn Kaisar war zeitlebens ein unkalkulierbares politisches Risiko für Octavian, den späteren Kaiser Augustus, Adoptivsohn des am 15. März 44 v. Chr. ermordeten Caesar.

Aus dem überlieferten Testament Caesars geht klar hervor, „dass er Kleopatras Sohn nach römischem Recht definitiv nicht anerkannt", sondern Octavian „an Sohnes Statt" in seine Familie aufgenommen hatte. „Nach römischem Denken war die Abstammung keine Frage der Blutsverwandtschaft, sondern hing vielmehr ausschließlich von der Rechtslage ab". Und dennoch muss Kaisar, der auch Caesarion genannt wurde,[1] auf Octavian „wie ein Stachel im Fleisch gewirkt haben, führte er ihm doch ständig vor Augen, dass jemand anderer Caesar privat und hinsichtlich der Blutsverwandtschaft viel näher stand als er. Unter diesem Aspekt war Caesarion zwar keine Herausforderung für Rom, sehr wohl aber eine für Oktavian".[2]

Kleopatra konnte als Frau nur unter Schwierigkeiten alleine regieren, denn die Alleinherrschaft einer Königin entsprach weder ägyptischer noch griechischer Tradition. Ihr Vater Ptolemaios XII., der sie kurz vor seinem Tod im Jahr 51 v. Chr. – siebzehnjährig – zur Mitregentin erhoben hatte, veranlasste testamentarisch, dass sie zusammen mit ihrem etwa acht Jahre jüngeren Bruder regieren sollte. Das Geschwisterpaar ging als Kleopatra VII. und Ptolemaios XIII. in die Geschichte ein. Nachdem Ptolemaios XIII., den seine Berater zum Alleinherrscher durchsetzen wollten, in einer Schlacht gegen Caesar und damit zugleich auch gegen seine Schwester im sog. Alexandrinischen Krieg 47 v. Chr. gefallen war, musste die Königin mit ihrem jüngsten Bruder Ptolemaios XIV. regieren. Nach dessen frühen Tod drei Jahre später - es wird vermutet, Kleopatra habe ihn ermorden lassen - ernannte sie ihren dreijährigen Sohn zum Mitregenten. Er übernahm „den dynastischen Namen Ptolemaios in Verbindung mit dem Kaisar-Namen. Fortan hieß er also offiziell Ptolemaios ho kai Kaisar, das heißt, ‚Ptolemaios, der auch Kaisar (genannt wird)'".[3] Hinzu kam der Kulttitel Theos Philopator kai Philometor (d.h. „Vaterliebender und Mutterliebender Gott"). Der König wird

---

[1] Kaisar (lat. Caesar) wurde von den Alexandrinern Kaisarion (lat. Caesarion) genannt. In der Literatur findet sich als Erklärung für diesen Namen entweder, es handle sich um ein Deminutiv und bedeute „kleiner Caesar" oder „Caesarlein"; oder es handle sich um ein Patronymikon und meine „Caesarspross" oder „Caesarsohn". Es war aber weder das eine noch das andere. Die Suffigierung mit –ion war als Gräzisierung lateinischer Grundnamen weit verbreitet. Jürgen Deininger schreibt (in: Zeitschrift für Papyrologie und Epigraphik 131, 2000, 225): Der Name Caesarion kann „am ehesten als eine Art Scherznamen" bezeichnet werden, „der im übrigen naturgemäß von verschiedenen Sprechern in unterschiedlichem, ironischem wie pejorativem Sinn verwendet werden konnte". Sicherlich verwendete der Volksmund den Name Kaisarion bzw. Caesarion – „augenzwinkernd" – auch, um den Sohn vom Vater unterscheiden zu können. Zumal der Name Kaisar bzw. Caesar als offizieller Eigenname des Königs auch allein genannt wurde (s. Günther Hölbl, Geschichte des Ptolemäerreiches, 1994, 213).

[2] Christoph Schäfer, Kleopatra, 2006, 91ff

[3] Heinz Heinen, in: Ortrud Westheider/Karsten Müller (Hg.): Kleopatra und die Caesaren, 2006, 155

in der Wissenschaft als Ptolemaios XV. Kaisar geführt.

Octavian ging als Sieger aus dem noch von Caesar in Italien losgetretenen Bürgerkrieg hervor. Dies zog nach der alles entscheidenden Schlacht bei Actium 31 v. Chr. etwa ein Jahr später nicht nur die Selbstmorde von seinen Hauptgegnern Marcus Antonius und Kleopatra nach sich, sondern auch den Mord an dem gerade siebzehn Jahre alten Ptolemaios Kaisar. Der Sohn Kleopatras und Caesars und legitimer König von Ägypten wäre auch aus einem eventuellen Exil heraus eine Gefahr für Octavian gewesen, der nach seinem Triumph Ägypten als eine ihm persönlich unterstellte Provinz in das römische Reich eingliederte.

Kaisar wurde vermutlich am 6. September 47 v. Chr. geboren.[4] Drei Jahre später wurde er als Ptolemaios Kaisar von Kleopatra zum Mitregenten erklärt. „Womöglich für ein militärisches Kommando" wurde er im Jahr 30 v. Chr. unter die Epheben aufgenommen,[5] d.h. für volljährig erklärt und als vollwertiger Bürger von Alexandria, der Haupt- und Residenzstadt des Ptolemäerreiches, eingeschrieben. Noch im selben Jahr, kurz nach dem Tod seiner Mutter (vermutlich am 12. August 30 v. Chr.), wurde er auf Befehl Octavians hingerichtet. Ptolemaios Kaisar befand sich auf der Flucht vor den Römern, als er sich – von seinem Lehrer Rhodon – überreden ließ, nach Alexandria zurückzukehren, um sein rechtmäßiges Erbe als ägyptischer Pharao – im angeblichen Einvernehmen mit Octavian – anzutreten. Ob Rhodon einen Verrat beging oder Octavian dieses vermeintliche Angebot tatsächlich lancierte, ist nicht klar.

Ptolemaios Kaisar hatte drei Halbgeschwister, deren Vater Marcus Antonius war: die sieben Jahre jüngeren Zwillinge Alexander Helios und Kleopatra Selene, sowie den elf Jahre jüngeren Ptolemaios Philadelphos. Die Kinder blieben nach dem Tod ihrer Eltern am Leben, wurden aber nach der Einnahme Alexandrias nach Rom gebracht und dort von Octavia – der Schwester Octavians und geschiedene Ehefrau von Marcus Antonius – erzogen. Kleopatra Selene wurde zwanzigjährig mit Juba II., dem König von Mauretanien, verheiratet. Das Leben der beiden Brüder bleibt im Dunkeln.

Soviel zu den geschichtlichen Hintergründen. Im Folgenden wird es darum gehen, Ptolemaios Kaisar in seiner Funktion als König von Ägypten genauer unter die Lupe zu nehmen. In den Beschreibungen der Geschehnisse um Kleopatra wird er kaum sichtbar, was natürlich in erster Linie daran liegt, dass er als Kind und Jugendlicher selbständig keine historisch bedeutsamen Entscheidungen treffen musste. Über ihn gibt es verhältnismäßig wenige Informationen, vieles muss indirekt erschlossen werden.[6] Ich denke dennoch, dass es sich

---

[4] S. z.B. Manfred Clauss, Kleopatra, 2000, 117; Schäfer, op.cit. 91; Wolfgang Schuller, Kleopatra. Königin in drei Kulturen, 2006, 135. In der Literatur findet sich aber auch der 23. Juni 47 v. Chr. als Geburtsdatum (s. z.B. Hölbl, op.cit. 213; Bernard Andreae, in: Kleopatra und die Caesaren, 61).

[5] Schuller, op.cit. 137

[6] Neben einer Stele aus Koptos und den Darstellungen am Hathor-Tempel in Dendera und am Mammisi in Hermonthis (heute nur noch als Zeichnung vorhanden) existieren nur wenige Abbildungen, die einigermaßen sicher Ptolemaios Kaisar zugewiesen werden können; das sind v.a. Münzportraits und Siegelabdrücke. Die wenigen in Frage kommenden Statuen sind kaum sicher zuzuweisen (s. Andreae, op.cit. 61ff; s.a. Claude Rolley, in: Kleopatra und die Caesaren, 164ff). Wolfgang Schuller (op.cit. 136) meint, dass nach der Eroberung Ägyptens „anscheinend mit großer Intensität aufgeräumt worden ist", eine Folge der „gelenkten Meinungsbildung durch Augustus".

lohnt zu versuchen, das kurze Leben des Ptolemaios Kaisar zu beschreiben – und zwar aus ägyptologischer Sicht. Meine Überlegungen lauten wie folgt: Ptolemaios Kaisar wurde von seiner Mutter der ägyptischen Bevölkerung – bewusst und eigennützig - als Heilsbringer präsentiert.

Kaisar als Kindgott

Kindgötter sind Götter, die als Kind oder jugendlich bezeichnet oder dargestellt werden. In der Spätzeit wurden in den meisten Tempeln Götterfamilien verehrt (Vater, Mutter, Kind), die sog. Triaden.[7] In den Mammisi - kleine Tempel, die als Geburtshäuser der Kindgötter fungierten - wurden jährlich die Mysterien der Geburt des jeweiligen Kindgottes und seine Inthronisation als Weltherrscher feierlich begangen.

Harpokrates (äg. Har-pa-chered, d.h. „Horus, das Kind") wurde ab dem Ende des Neuen Reiches als eigenständiger Gott verehrt. In der Spätzeit wuchs das Interesse an den Kindgöttern, so dass sich weitere Kulte um Harpokrates etablierten. Die Hoffnungen der Menschen richteten sich auf die jungen Götter. Und mit diesen identifizierten sich die späten ptolemäischen und auch die römischen Pharaonen. „Mit Beginn der griechisch-römischen Zeit läßt sich eine Vereinheitlichung der Kindgott-Theologie feststellen. Ca. 20 verschiedene Götterkinder übernehmen in den örtlichen Tempeln die Rolle des einzigen Sohnes und legitimen Erben des lokalen Götterpaares. Neben Har-pa-chered, dem Sohn von Isis und Osiris in Philae und Umgebung, sind zum Beispiel Harsomtus-pa-chered, der Sohn von Horus Behedeti und Hathor in Edfu und Dendera, Chons-pa-chered, der Sohn von Amun und Mut in Theben und Tanis, Har-pa-Re-pa-chered, der Sohn von Month und Rat-taui im Raum Theben, sowie Pa-neb-taui-pa-chered, der Sohn von Haroeris und Ta-senet-neferet in Kom Ombo, zu nennen".[8]

Auf der Rückwand des Hathor-Tempels in Dendera ist Ptolemaios Kaisar abgebildet, wie er zusammen mit seiner Mutter Kleopatra den Göttern ein Opfer darbringt. Die Götter werden angeführt von Hathor und dem Kindgott Harsomtus. Die Beischrift dazu lautet: „Worte zu sprechen von Harsomtus – dem Kind – dem Sohn der Hathor, dem sehr Großen, dem Erstgeborenen des Behedeti, des großen Gottes und Herrn des Himmels, der Ka-Schlange von Ägypten, die die Kehle atmen läßt und Dendera mit Speisen versieht, dem Kind des Nun, der das Erschaffen aller Dinge begonnen hat, der das Leben in Ägypten anbefiehlt, mit süßem Liebreiz, dem ‚Wunder' (bj3jt) der Neunheit, der das, was kommt, bezüglich eines langen Zeitraums verkündet".[9]

---

[7] Es sind nur männliche Kindgötter bekannt - Erscheinungsformen von Harpokrates. Das Kind einer Triade konnte auch weiblich sein, wie z.B. Anuket von Elephantine. Göttliche Kinder waren aber nicht unbedingt identisch mit Kindgöttern. Anuket war keine „Kindgöttin" (s.a. Hellmut Brunner, in: Lexikon der Ägyptologie, 1977, 648ff).

[8] Sandra Sandri, in: Herbert Beck/Peter C. Bol/Maraike Bückling (Hg.): Ägypten – Griechenland – Rom. Abwehr und Berührung, 2005, 342

[9] Dagmar Budde, in: Ägypten – Griechenland – Rom, 339

Harsomtus wird hier mit der Nilflut in Verbindung gebracht, trägt „dcutliche Züge eines Schöpfergottes und ist als Nährschlange ausgewiesen, die für den Unterhalt der Menschen sorgt"; und er besitzt die Fähigkeit, „die Tiefen der Zukunft zu erfassen". Budde schreibt weiter: „Als Garanten der Nahrungsfülle und der Zukunft stehen sich Kindgott und göttlicher Königssohn in Begleitung ihrer Mütter von Angesicht zu Angesicht gegenüber. Den Kopf des Kaisarion schmückt eine Kompositkrone, während sein Schurz mit einer Feinderschlagungsszene dekoriert ist. Ungeachtet seines Kindesalters ist er durch Körpergröße, Krone und Kleidung bereits als machtvoller Herrscher ausgewiesen, der Ägyptens Feinde abwehrt". Der junge Pharao Ptolemaios Kaisar wurde also mit dem Kindgott Harsomtus (äg. Har-sema-taui, d.h. „Horus, Vereiniger der beiden Länder") gleichgesetzt. Und auch Harsomtus besaß - ungeachtet seiner kindlichen Gestalt - „vollkommene göttliche Macht".[10]

Die Wiedergeburt Kaisars

Das noch vor etwa 150 Jahren existierende Mammisi von Hermonthis (Armant) war der Triade Month als Sonnengott, Rat-taui (d.h. „Weibliche Sonne der beiden Länder") und ihrem Sohn Harpe (äg. Har-pa-Re, d.h. „Horus, der Sonnengott") geweiht – und zugleich dem Herrscherpaar Kleopatra und Ptolemaios Kaisar. Der Pharao wurde hier mit dem Kindgott Harpre gleichgesetzt, angezeigt durch den Skarabäus – die Erscheinungsform von Chepre, dem verjüngten Sonnengott – über der Darstellung des gerade in die Götterwelt hineingeborenen Kindes. Abgebildet wurde nicht die tatsächliche Geburt Kaisars, sondern seine mit der Inthronisation als König besiegelte Transformation zum Gott. Ptolemaios Kaisar wurde wiedergeboren – als eine Erscheinungsform des Sonnengottes.

In den Geburtshäusern wurde die „Geburt, Aufzucht und Herrschaftsübernahme des Kindgottes, und damit die Erneuerung der Fruchtbarkeit und der Anbruch einer neuen Heilszeit gefeiert".[11] Das „Sinnzentrum" dieser Mysterien sieht Assmann nicht nur in der Geburt des Kindes, sondern vor allem in seiner „Überhäufung mit Segenskräften, die es instand setzen, die Herrschaft anzutreten und eine neue Heilszeit heraufzuführen".[12] Es ging aber nicht nur um die Verjüngung eines Kindgottes, sondern immer auch um die Erneuerung der göttlichen Kräfte, die durch den König im Kult wirksam wurden. Kaisar wurde zwar mit Harpre gleichgesetzt. Erneuert wurde aber nicht der individuelle König, sondern das Gottkönigtum an sich. Helmut Kyrieleis schreibt: „In der Gestalt des Kindes mit den Insignien der Macht begegnet hier ein Herrscherideal, das im König nicht so sehr die politisch handelnde Person als vielmehr die Verkörperung des genealogisch und göttlich legitimierten Königtums als Staatsidee sieht".[13]

---

[10] S. Brunner, op.cit. 648

[11] Jan Assmann, in: ders./Walter Burkert/Fritz Stolz: Funktionen und Leistungen des Mythos, 1982, 19

[12] Assmann, op.cit. 25

[13] Helmut Kyrieleis, in: Ägypten – Griechenland – Rom, 240

Die Geburt des Kindgottes wurde mit der Erschaffung der Welt gleichgesetzt.[14] Mit den periodisch begangenen Mysterien der Wiedergeburt des Kindgottes wurde der Urzustand der Welt - das „Goldene Zeitalter" - kultisch zu neuem Leben erweckt. Die Geburt symbolisierte die Verjüngung. Im Kult wurde die mythische Zeit realisiert, so dass wie im Anbeginn, am Morgen des ersten Tages, aus dem Urozean der Lotos emporsteigen und aus seiner sich öffnenden Blüte der neugeborene Sonnengott – das Sonnenkind – erscheinen konnte.

Kaisar als Retter

Ptolemaios Kaisar wurde im Mammisi von Hermonthis auch mit seinem Kulttitel „Vaterliebender und Mutterliebender Gott" genannt. Dies hatte Signalwirkung, denn sie verwiesen auf die „Doppelbindung an die ptolemäische Dynastie und die römisch-caesarische Linie".[15] Im Gegensatz zur Zurückhaltung Caesars bei der offiziellen Anerkennung seines Sohnes in Rom, wurde in Ägypten dessen Vaterschaft öffentlich bekannt gemacht. Bedenkt man die unsichere politische Lage, in der sich Ägypten angesichts der expandierenden römischen Supermacht befand, war diese Tatsache von nicht zu unterschätzender Bedeutung: Der junge Pharao war der Sohn Caesars, des mächtigsten Mannes in Rom.[16] Caesar „stand in der Rolle des siegreichen Herrschers, des vielfach gepriesenen Soter [Retter] und Euergetes [Wohltäter] göttlicher Abstammung, wurde seit Ende 45 sogar als (künftiger) Staatsgott anerkannt. Der Abstand der Partnerschaft von Kleopatra und Caesar zu einem ptolemäischen Königspaar mußte aus ägyptischer Sicht äußerst gering erscheinen". Und „Ptolemaios XV. war ‚Erbe des Theos Soter etc.' [Rettergottes]".[17]

In der Ptolemäerzeit wurde die Erneuerung der königlichen Kräfte „als bitter notwendig empfunden".[18] Das hatte sowohl mit der schwierigen innen- als auch mit der gefährlichen außenpolitischen Lage zu tun. Zudem kam es während der Regierungszeit Kleopatras zu großen Dürren, die von Hungersnöten und Seuchenausbrüchen gefolgt wurden. In den vierziger Jahren des letzten vorchristlichen Jahrhunderts erreichte das Nilhochwasser mehrere Jahre hintereinander nicht das normale Niveau und blieb in den Jahren 43 und 42 v. Chr. sogar vollständig aus. Dies zog extreme Versorgungsprobleme nach sich, und man versuchte dies durch steuerliche Zwangsmaßnahmen, die in erster Linie die Landbevölkerung betrafen, auszugleichen – die Städte, allen voran Alexandria mit einer halben Million Einwohner, mussten versorgt werden. Die Folgen waren schwerwiegend: Es kam zur Entvölkerung von Dörfern und Plünderungen von Heiligtümern. All dies trug dazu bei, dass „immer mehr

---

[14] S. Jean Claude Goyon, in: Dietrich Wildung/Sylvia Schoske (Hg.): Kleopatra. Ägypten um die Zeitenwende, 1989, 39

[15] Heinen, op.cit. 156

[16] Joachim Brambach (Kleopatra. Herrscherin und Geliebte, 1995, 95f) schreibt hingegen: „Was hätte daher näher gelegen, als wenigstens den Schein des Anstands zu wahren und das Kind nicht in aller Öffentlichkeit als Bastard und Folge von Kleopatras ehebrecherischer Beziehung mit dem ohnehin verhaßten römischen Feldherrn auszugeben, der zudem noch für den Tod ihres Brudergemahls verantwortlich war. Kleopatra ließ sich von dieser Empörung keineswegs beeindrucken. Sie scheute im Gegenteil nicht einmal davor zurück, die Geburt des Caesarion im Tempel von Hermonthis bei Theben in Wort und Bild unmißverständlich feiern zu lassen".

[17] Hölbl, op.cit. 266

[18] Hölbl, op.cit, 247

Heilserwartungen in einen ‚Neuen Dionysos' auf Erden" gesetzt wurden.[19]

Es wird immer wieder darauf hingewiesen, dass Kleopatra Isis und Caesar bzw. später auch Marcus Antonius – ganz in hellenistischer Tradition – Dionysos repräsentierten. Und dass dem entsprechend die Heilserwartungen der Menschen im gemeinsamen östlichen Herrschaftsbereich auf Kleopatra und ihren jeweiligen römischen Partner gerichtet waren. Könnte es nicht so gewesen sein, dass Kleopatra auch ihren Sohn Kaisar als Heilsbringer installieren wollte - aber konkret für die einheimische ägyptische Bevölkerung, denen Caesar oder Marcus Antonius nicht als Pharaonen für den Leben erhaltenden religiösen Kult zur Verfügung standen? Kaisar wurde als Kleinkind zum König ernannt, war also tatsächlich ein Kindgott. Er trug zudem den Kulttitel „Vaterliebender und Mutterliebender Gott". War er dadurch nicht für alle erkennbar in der Rolle des göttlichen Kindes?

Ptolemaios Kaisar wurde – von Marcus Antonius im Zuge seiner sog. Landschenkungen – im Jahr 34 v. Chr. der Titel „König der Könige" verliehen. Immer wieder wird in der Literatur darauf verwiesen, dass die Vergabe dieses Titels den umfassenden Machtanspruch von Kleopatra und Marcus Antonius belege und Ausdruck ihrer „Vision eines hellenischtisch-ägyptischen Großreiches" gewesen sei. So schreibt Günther Hölbl: „Kleopatra wurde als direkte Regentin über Ägypten und Zypern bestätigt und mit dem Titel ‚Königin der Könige' ausgezeichnet. Der dreizehnjährige Ptolemaios XV. Kaisar, seit etwa zehn Jahren Mitregent, erhielt in dieser Funktion den analogen Titel ‚König der Könige'; (...) Alexander Helios bekam Armenien, Medien und alles Land jenseits des Euphrat, das man noch zu erobern gedachte; dessen Zwillingsschwester Kleopatra Selene verlieh Antonius Kyrene und das angrenzende Libyen als Königreich, und dem jüngeren Sohn Ptolemaios Philadelphos übergab er Phönikien, Kilikien sowie die syrischen Gebiete bis zum Euphrat".[20]

Vermutlich fand diese „Landschenkung" aber gar nicht statt, sondern war nur eine Erfindung zur Verunglimpfung des Marcus Antonius durch seine römischen Gegner, allen voran Octavian. Bei den sog. Landschenkungen ging es einzig um Armenien, das Marcus Antonius an seinen Sohn Alexander Helios übergeben hat. So schreibt Christoph Schäfer im Gegensatz zu Günther Hölbl: „Antonius übertrug das gerade eroberte Armenien an Alexander Helios und stattet ihn mit dem aggressiven Titel ‚König der Könige' aus, um den geplanten Generalangriff auf Parthien ideologisch vorzubereiten! Da nun aber schon der mittlere der drei anwesenden Brüder mit einem so hochtrabenden Titel bedacht werden sollte, wäre es schlechterdings unmöglich gewesen, die Herrscherin und ihren Mitregenten zurückzusetzen. Dem entsprach dann die Annahme des Titels ‚Königin der Könige' durch Kleopatra. Analog wurde auch Caesarion zum ‚König der Könige' ernannt".[21]

Osiris wurde als „Herrscher der Herrscher" und „König der Könige" bezeichnet.[22] In der Spätzeit verschmolz er mit dem griechischen Gott Dionysos zu dem hellenistischen –

---

[19] Hölbl, op.cit. 264f

[20] Hölbl, op.cit. 219

[21] Schäfer, op.cit. 181. Zudem gab es keinen Grund, weshalb Marcus Antonius Kleopatra und Kaisar als Herrscher über Ägypten und Zypern hätte bestätigen müssen. Sie waren die Herrscher, und das schon bevor Marcus Antonius in das Leben von Kleopatra trat. Zur detaillierten Argumentation s. Schäfer, op.cit.179ff.

[22] S. Hölbl, op.cit. 267

jugendlichen - Gott Osiris-Dionysos, mit dem sich schon frühere ptolemäische Herrscher identifizierten. So trug auch der Vater Kleopatras - Ptolemaios XII. – den Kulttitel „Neos Dionysos". Könnte also nicht auch Ptolemaios Kaisar von Kleopatra als „Neuer Dionysos" oder „Dionysosknabe"[23] vorgesehen und aufgebaut worden sein? Die bei der sog. Landschenkung vergebenen Titel könnten ein Hinweis darauf sein: Der ägyptischen Bevölkerung wurde Kleopatra als Allherrscherin Isis und Ptolemaios Kaisar als der ersehnte Heilsbringer präsentiert.

Kaisar und das Münzwesen

In der ganzen Antike hindurch waren Münzen mehr als nur ein Zahlungsmittel. Sie waren ein Massenmedium und wurden als solches als Träger politischer Botschaften mit richtungweisendem Charakter genutzt. Sie verbreiteten sich überaus schnell und weit. Auch wenn die ägyptische Landbevölkerung immer Tauschhandel betrieb, so gelangten doch auch Münzen in die Hände einheimischer Bauern. Und weil dies eher selten der Fall war, musste gerade bei diesen Menschen eine Münze bzw. ihre Botschaft besondere Aufmerksamkeit erregt haben. Zunächst aber erreichten sie vor allem die griechischen Kaufleute, die politischen und religiösen Entscheidungsträger in Alexandria und in den Zentralorten und die seit Ptolemaios XII. in Ägypten stationierten römischen Soldaten.

Man muss grundsätzlich zwischen den autonom von Kleopatra emittierten, in Alexandria geschlagenen und in Ägypten in Umlauf gebrachten Münzen von denen unterscheiden, die außerhalb des Landes – aber innerhalb ihres Herrschaftsbereichs – in Münzstätten von Zypern oder Phönikien geschlagen und von da aus in Umlauf gebracht wurden. Außerdem sind diese ptolemäischen Münzen von den römischen zu trennen, die Marcus Antonius in seinem Machtbereich schlagen und in Umlauf bringen ließ.[24]

Die von Kleopatra in Ägypten emittierten Münzen waren nicht für den Außenhandel gedacht. Der wurde mit Goldbarren oder ausländischer Währung abgewickelt. Sie führte eine Bronzewährung ein (die Grundeinheit war eine Drachme), wodurch sich die Menge des umlaufenden Silbergeldes (die Grundeinheit war eine Tetradrachme und entsprach vier Drachmen) verringerte.

Neben Münzen, die Kleopatra alleine als Königin zeigten, gab es auch welche, die nur Kaisar abbildeten, so z.B. eine Tetradrachme, die vermutlich 37/36 v. Chr. in Alexandria geschlagen wurde. Zu sehen ist ein Herrscher, der als König bezeichnet wird – in typisch ptolemäischer Tradition ohne individuelle Namensnennung. Es handelt sich um eine Silbermünze, die wohl kaum unter der einheimischen Landbevölkerung im Umlauf gewesen sein dürfte. Daher ist zu vermuten, dass in diesem Fall die Botschaft dieser Münze nicht an das gemeine ägyptische Volk, sondern an den einflussreichen Teil der Bevölkerung gerichtet war.

---

[23] S. Hölbl, op.cit. 258

[24] Zu den Münzen s. Dietrich O. A. Klose, in: ders./Bernhard Overbeck: Ägypten zur Römerzeit. Antikes Leben aufgrund der numismatischen Quellen, 1989, 16ff; s.a. Bernhard Overbeck, in: Kleopatra. Ägypten um die Zeitenwende, 185ff; s.a. Guy Weill Goudchaux, in: Kleopatra und die Caesaren, 130ff; s.a. François Queyrel, in: Kleopatra und die Caesaren, 158ff

Anders ist dies bei den Bronzemünzen anzunehmen. Eine zeigte Kleopatra mit einem Säugling. Man vermutet, dass es sich dabei um Kaisar handelt.[25] Diese Münze wurde auf Zypern geschlagen, der Zeitpunkt der Emission ist allerdings strittig. Manfred Clauss vermutet 43 v. Chr., das Jahr der Rückgewinnung Zyperns in den Herrschaftsbereich der Kleopatra.[26] Dagegen vermutet François Queyrel das Jahr 47 v. Chr., das Geburtsjahr Kaisars.[27] Unabhängig vom Grund und Zeitpunkt der Münzemission sind Kleopatra und Ptolemaios Kaisar abgebildet wie Isis und Horus.

Die Darstellung Kleopatras mit Kaisar als Säugling verwies auf Isis lactans (d.h. „die stillende Isis"). Auf diese Weise wurde ausgedrückt, was der einheimischen Bevölkerung Ägyptens seit Jahrtausenden bekannt war und sich allmählich im gesamten Mittelmeerraum verbreitete: Isis als allein erziehende Mutter musste für ihren Sohn Horus, den jungen König, alle (lebens-) notwendigen Entscheidungen treffen. Und zwar so lange, bis er alt genug war, um selbstständig als Alleinherrscher regieren zu können. „Kleopatra bemühte sich, ihr hellenistisches Königtum und ihr Pharaonentum zu einer Synthese zu bringen, indem sie die göttlichen Kräfte des Pharaonenamtes mit dem hellenistischen Herrscherkult in ihrer Erscheinung als Isis vereinte. Dem kam hinzu, daß die Auffassung von Isis als Allherrscherin, als Königin sowohl der Götter als auch über die irdische Welt, zu Kleopatras Zeit immer mehr betont wurde".[28] Kleopatra konnte also – indem sie die Aufmerksamkeit auf ihren mit Horus gleichgesetzten Sohn lenkte – ihre Alleinherrschaft mythologisch begründen und legitimieren.

Schluss

In der Literatur wird immer wieder auf die gleichartig verlaufene Kindheitsgeschichte von Ptolemaios Kaisar und Horus hingewiesen. Beide verloren ihre Väter auf hinterhältige Weise – sie wurden ermordet – und mussten von ihren Müttern alleine großgezogen werden. Und ebenso wie Horus seinen Vater Osiris, hätte auch – so ist oftmals zu lesen – Ptolemaios Kaisar seinen Vater Caesar rächen sollen.[29] Meiner Meinung nach ist diese Interpretation aber nicht überzeugend. Denn die bekannten Identifikationen des jungen Königs mit Erscheinungsformen des Gottes Horus beziehen sich nicht auf dessen Eigenschaft als Rächer - wie es z.B. bei Harendotes (äg. Har-nedj-it-ef, d.h. „Horus, Rächer seines Vaters") der Fall gewesen wäre. Kaisar wurde stattdessen mit Erscheinungsformen des Kindgottes Harpokrates (äg. Har-pa-chered, d.h. „Horus, das Kind") gleichgesetzt - mit Harpre (äg. Har-pa-Re-pa-chered, d.h. „Harpokrates, der Sonnengott") und mit Harsomtus (äg. Har-sema-taui-pa-chered, d.h. „Harpokrates, Vereiniger der beiden Länder") gleichgestellt. Harpokrates in all seinen Erscheinungsformen war ein Retter und Beschützer und – ganz allgemein - ein Heilsbringer.

Auch dies ist eine Möglichkeit den jungen Ptolemaios Kaisar zu beschreiben: Ein Kind, das

---

[25] Guy Weill Goudchaux (op.cit. 132) dagegen sieht in dem Säugling den jüngsten Sohn Kleopatras Ptolemaios Philadelphos.

[26] Clauss, op.cit. 45

[27] Queyrel, op.cit. 159

[28] Hölbl, op.cit. 269

[29] S. Clauss, op.cit. 46; Schuller, op.cit. 132f

ohne Vater aufwachsen musste und ständiger Todesgefahr ausgesetzt war – ganz genau wie Horus, das Kind. „Das Horuskind ist zugleich einsam und doch göttlich behütet, nicht nur von Isis, auch vom Sonnengott und Thot. Es wächst in Chemmis in der Natur auf. Dennoch liegt hier mehr als eine frühe Lebensstufe, mehr als ein Teil einer Biographie vor: Neben anderen Horusgestalten gibt es das Kind Horus immer. Seine Wirkung ist vor allem die eines Retters, nachdem es selbst aus den durch Seth oder wilde Tiere drohenden Gefahren errettet worden ist".[30]

Ich halte es für durchaus möglich, in Ptolemaios Kaisar einen – von seiner Mutter Kleopatra bewusst installierten – Heilsbringer zu sehen; einen Hoffnungsträger, den speziell die ausgebeutete und wirtschaftlich ausgeblutete ägyptische Landbevölkerung dringend brauchte. Denn die „Sehnsucht nach einem Gott, der als unschuldiges Kind geboren wird, um die Welt zu erretten" wurde in dieser Zeit immer stärker.[31] Und da Kaisar bei seiner Inthronisation tatsächlich noch ein Kind war, ergab sich seine Gleichsetzung mit Harpokrates quasi von selbst.

Zusammenfassend lässt sich m.E. feststellen: Ptolemaios Kaisar war für Kleopatra Mittel zum Zweck. Der Kindkönig wurde der ägyptischen Bevölkerung als heilsbringender Kindgott Harpokrates präsentiert. Und damit war die Alleinherrschaft Kleopatras als allherrschende Muttergöttin Isis legitimiert.

---

[30] Brunner, op.cit. 649

[31] Günther Hölbl, Altägypten im Römischen Reich. Der römische Pharao und seine Tempel, Bd. 1, 2000, 6